**Bibliografische Information der Deutschen Nationalbibliothek:**

Die Deutsche Bibliothek verzeichnet diese Publikation in der Deutschen National-
bibliografie; detaillierte bibliografische Daten sind im Internet über http://dnb.d-
nb.de/ abrufbar.



**Impressum:**

Copyright © 2008 GRIN Verlag, Open Publishing GmbH
Druck und Bindung: Books on Demand GmbH, Norderstedt Germany
ISBN: 9783668320475

**Dieses Buch bei GRIN:**

http://www.grin.com/de/e-book/133650/mentales-training-und-visualisierung-im-
kontext-sport-und-rehabilitation

**Rudolf Zamora**

# Mentales Training und Visualisierung im Kontext Sport und Rehabilitation

GRIN Verlag

RUDI ZAMORA

# MENTALES TRAINING UND VISUALISIERUNG IM KONTEXT SPORT UND REHABILITATION

**Hausarbeit im Rahmen des Seminars:**

## Sportpsychologie 5+6

Institut für Sportwissenschaft und Sport
der Universität Erlangen-Nürnberg

## ERLANGEN

**SS 2008**

**Abgabetermin: 14.11.2008**

# Inhaltsverzeichnis

# 1 Einleitung

Die Sportwissenschaft beschäftigt sich schon seit geraumer Zeit mit Überlegungen, wie man Trainingsmethoden optimieren und effizienter gestalten kann. Dabei wird versucht, das in der kognitiven Psychologie schon seit längerer Zeit genutzte Phänomen des Mentalen Trainings auf sportliche Bewegungsabläufe zu übertragen und somit auch auf psychologisch an sportlichen Leistungen zu feilen. In den letzten Jahren haben sowohl Mentales Training als auch Visualisierungstechniken mehr und mehr Einzug im Sport erhalten. Nicht verwunderlich ist daher, dass diese psychologische Trainingsmethode zunehmend an Bedeutung im Sport gewinnt.

Die vorliegende Ausarbeitung will versuchen einen Einblick in die Grundlagen des Mentalen Trainings zu geben und Hintergründe dieser psychologischen Arbeitsweise aufzeigen. Die spezifischen Vorgehensweisen und Elemente, die auch im Hinblick auf sportpraktische Umsetzung des Mentalen Trainings von Bedeutung sind, sollen aufzeigen, wie diese Trainingsmethode in der Trainingspraxis umgesetzt werden beziehungsweise eingesetzt werden. Des Weiteren will die Ausarbeitung die Wirksamkeit des Mentalen Trainings anhand der Studienlage an Beispielen aus dem Leistungssport und der Rehabilitation aufgezeigt, ohne dabei einen Anspruch auf Vollständigkeit zu erheben.

# 2 Hintergrundinformationen zum „Mentalem Training"

## 2.1 Was ist eigentlich mentales Training?

In der Literatur finden sich viele unterschiedliche Definitionen, die versuchen Mentales Training zu charakterisieren. Feltz und Landers (1983) beschreiben mentales Training als planmäßig wiederholte und bewusst durchgeführte Vorstellung einer Handlung beziehungsweise Bewegung ohne deren gleichzeitige praktische Ausführung. Eberspächer (2001) stellte in seiner Definition den Bezug zum Sport in den Vordergrund und charakterisiert Mentales Training als planmäßig wiederholtes, bewusstes Sich-Vorstellen einer sportlichen Handlung ohne deren gleichzeitige praktische Ausführung. Deutlich wird hier, dass das Vorstellen einer Bewegung ohne tatsächlich motorische Ausführung im Vordergrund steht. Dazu können die Vorstellung der eigenen Bewegung, Erinnerungsbilder der eigenen Bewegungsausführung, sowie fremde Vorbilder.

## 2.2 Was ist eigentlich Visualisierung?

Visualisierung definiert sich als allgemeiner Begriff für ganz unterschiedliche bildliche Vorstellungen. Diese Vorstellung sollten frei von Sprache und konkreten Begriffen sein, in den Vordergrund rückt einzig das Bild etwa eines Bewegungsablaufes vor dem inneren Auge. Wichtige ist diesbezüglich, dass zwar die visuelle Gesamtheit der sportlichen Bewegung im Mittelpunkt steht, gleichzeitig aber alle Sinne mit einbezogen werden. So sollen beispielsweise durch Empfindungsqualitäten des Tast- und Bewegungssinns, neben den visuellen, die emotionale Komponente und damit die Wirksamkeit des mentalen Trainings erhöht werden.
Ziel ist es ferner, dass auf diese Art komplizierte Bewegungsabläufe schrittweise durchgespielt werden können, sich die Bewegungsgeschwindigkeit jedoch individuell variieren lässt (Baumann, 2006).
Die Trainingsmethode der Visualisierung wird in der sportpsychologischen Betreuung zudem zur Antriebsregulation, zur emotionalen Regulation und Energieregulation angewandt, kommt aber auch in der Schmerztherapie zum Einsatz. Hier wird etwa der Schmerz des Patienten als roter Kreis definiert, der dann in der Vorstellung des Patienten immer kleiner werden soll (Baumann, 2006).

## 2.3 Ziele des mentalen Trainings

Ziele des Mentalen Trainings sind das Erlernen von Bewegungen, ihre Präzision aber auch die Stabilisierung komplizierter Bewegungsabläufe. Der sportliche Lernprozess kann auf diese Weise wesentlich beschleunigt werden, wobei sich die Kombination aus praktischem und mentalem Training als am wirkungsvollsten erwiesen hat. Ist die Grobform einer Bewegung erst verinnerlicht, stellt diese Trainingsmethode ein gutes Mittel dar, beschleunigt die Feinform zu erreichen, da die Bewegung in präziser Form wiederholt durchgespielt werden kann und somit auch Fehlerquellen sowohl mental als auch visuell verbessert werden können. Auch im Hinblick auf die Stabilisierung bestimmter Bewegungen empfiehlt sich das mentale Training, da diese durch die Vorstellung nicht nur gefestigt, sondern auch über einen längeren Zeitraum stabilisiert werden können. Bewegungsschleifen können hier immer und immer wieder durchgespielt werden und so ist es auch im Falle von eintretenden Trainings- oder Wettkampfpausen möglich, die Verluste gering zu halten gehalten (Baumann, 2006).

### 2.4 Anwendungsfelder des Mentalen Trainings

Die Anwendungsbereiche dieser psychologischen Trainingsmethode sind, wie bereits angedeutet, mannigfaltig. Sportler, die durch Krankheits-/Verletzungspausen vom aktiven Training abgehalten werden finden im mentalen Training ein wirksames Mittel, Bewegungsmuster oder Technikpläne immer wieder zu aktualisieren, sie bereitzustellen und somit die Pause ohne Qualitätsverlust zu bewältigen. Gleichzeitig wird ein hohes Motivationsniveau bewahrt, wodurch positive Wirkungen auf die spätere Wiederaufnahme des Trainings zu erwarten sind (Meyer, Görlich und Eberspächer, 2003).
Bei Sportarten mit hoher körperlicher Belastung, die keinen kontinuierlichen Trainingsfluss ermöglichen, wie etwa Stabhochsprung, stellt das mentale Training in den Erholungsphasen ein adäquates Mittel zur Intensivierung und Effektivitätssteigerung des Trainings dar.
Eine bedeutende Ergänzung und Vertiefung des aktiven Trainings bietet das mentale Training vor allem bei den Sportarten, die aus organischen oder organisatorischen Gründen nur eine begrenzte Anzahl von praktischen Ausführungen erlauben, der Trainingsfluss also unterbrochen werden muss, wie beispielsweise beim Skispringen, Abfahrtslauf oder auch beim Turmspringen.
Mentales Training kann dem Sportler auch als Stütze dienen und ihm innere Sicherheit und Selbstvertrauen verleihen, sowie Ängste und Hemmungen entgegenwirken. Die Tatsache, dass eine vorliegende Aufgabe zumindest mental bewältigt worden ist, kann die positive Leistungseinstellung des Sportlers steigern. Da auch keine Verletzungsrisiken gegeben sind, können im Mentalen Training bestimmte Szenarien angstfrei durchlebt und erfolgreich bestanden werden. Ferner finden mentale Übungen häufig als konzentrative Einstimmung auf Wettkämpfe ihre Anwendung (Baumann, 2006).
Doch die Technik des mentalen Trainings ist nicht nur im Bereich des Sports etabliert. So müssen im medizinischen Bereich, beispielsweise in der Chirurgie und Zahnmedizin komplexe Bewegungsabläufe teilweise unter extremen Stressbedingungen ausgeführt werden. Diese Anforderungen sind mit denen

des Leistungssports vergleichbar. Daher sind mentale Übungen auch hier zur Bewegungsoptimierung in die Ausbildung integriert. Desgleichen greift man bei der Pilotenausbildung oder auch bei der Ausbildung von Führungskräften im Managementbereich darauf zurück (Ziemainz, H., Hendrich, S., Schleinkofer, M. und Pfeifer, K., 2008).

*2.5 Inhalte des mentalen Trainings*

Mentales Training ist dann am erfolgreichsten, wenn sich seine Inhalte sportartspezifisch orientieren, d.h. wenn selbige sich aus den individuellen Anforderungen der jeweiligen Sportart ableiten und die spezifisch geforderten Fertigkeiten, Techniken und Handlungstypen der jeweiligen Sportart unterstützen.

Generell können Bewegungen als normiert und standardisiert, oder komplex und situationsabhängig beschrieben werden. Je normierter (beispielsweise der Felgaufschwung am Reck beim Turnen) und standardisierter (ein Freistoß oder Eckball beim Fußball) eine Bewegung-/Handlungssituation ist, desto einfacher ist es, sie zu veranschaulichen und dementsprechend im Mentalen Training umzusetzen. Klar definierte Bewegungen können relativ leicht in ein systematisches Handeln umgesetzt werden (Baumann, 2006).

Komplexe und situationsabhängige Situationen erschweren das exakte mentale Einstellen, da hier meist flexibel gehandelt werden muss und ein hohes Maß an Antizipation im Vordergrund steht. Dennoch kann auch in diesen Fällen Mentales Training herangezogen werden, um Überraschungseffekte, taktische Pläne und erfolgreiche Spiele mental vorzubereiten. Man spricht hier von Antizipation eines in variierenden Situationen entwickelten Könnens (Baumann, 2006).

*2.6 Vor- und Nachteile des mentalen Trainings*

Mentales Training erweist sich als kognitiv sehr anspruchsvoll, bei korrekter Durchführung können jedoch gute Ergebnisse erzielt werden. Es ist möglich die Lernzeit für sportliche Bewegungen herabzusetzen und eine höhere Stabilität in die Bewegungsausführung, auch unter wechselnden äußeren Bedingungen, zu bekommen. Auch kann das Durchspielen einer perfekten Bewegung zu einer Erhöhung der Präzision führen. Durch die mentale Einstellung und das Versetzen des Körpers in Wettkampfstimmung kann die Aufwärmphase verkürzt werden, sowie unterschiedliche Wettkampfsituationen, die unvorhergesehen auftreten könnten, simuliert werden können, um unangenehme Erscheinungen auszuschließen. Sinnvoll ist die Anwendung eines solchen Trainings, gerade wegen der kognitiven Belastung, erst nach dem zwölften Lebensjahr, nach der vollständigen Entwicklung des menschlichen Gehirns. Auch kennzeichnet sich das mentale Training durch eine hohe konzentrative Ermüdung aus. Gefährlich ist die Tatsache, dass, genau wie man eine perfekte Bewegung stabilisieren kann, sich Fehlerbilder einschleichen können, die schwer zu beseitigen sein können (Zitzmann, 2004).

# 3 Anwendung des Mentales Trainings im Leistungssport

## 3.1 Formen des Mentalen Trainings

Eberspächer (2008) unterscheidet verschiedene Formen des Mentalen Trainings. Er differenziert zwischen dem sogenannten subvokalen Training, dem observativen Training, dem ideomotorischen und dem verdeckten Wahrnehmungstraining.

*Subvokales Training:*
Nach Eberspächer (2008) bedeutet subvokales Training, bei einem Bewegungsablauf innerlich zu sich selbst zu sprechen. Dadurch kann der visualisierte Bewegungsablauf nicht rückwärts laufen, nicht stoppen und keine Teile überspringen. Die innere Sprache hilft also dabei, die Bewegung in einem Fluss zu durchdenken und die Konzentration zu stabilisieren. Subvokales Training kann gut mit den im Folgenden vorgestellten Trainingsformen kombiniert werden und ist wegen seiner geringen Anforderung auch für weniger erfahrene Sportler geeignet.

*Observatives Training:*
Diese Form des Mentalen Trainings beinhaltet das Beobachten eines Sportlers z.B. in Reihenbildern oder Videoaufnahmen, der die Bewegungsausführung besser beherrscht als der Beobachter. Die Vorteile sind hier, dass wenn die Bewegung langsamer abläuft oder anhalten wird, die Konzentration auf einzelne Aspekte der Bewegung gelenkt werden kann. Das bewusste und konzentrierte Nachvollziehen der Bewegung eines Anderen führt zu einer visuellen Bewegungsrepräsentation und hilft somit bei der späteren praktischen Ausführung. Durch Observatives Training kann insbesondere eine neue Bewegung erlernt oder eine ungenaue Bewegung präzisiert werden. Auch hiervon können unerfahrene Sportler gut profitieren.

*Ideomotorisches Training:*
Ideomotorisches Training bedeutet, sich die eigene sportliche Handlung aus der Beobachterperspektive vorzustellen. Das erfordert ein größeres Maß an Vorstellungskraft und Bewegungsgefühl als die oben genannten Trainingsformen und ist von daher vor allem für erfahrene Sportler geeignet. Es dient der Stabilisierung von Bewegungen und der Erlangung von Selbstvertrauen in der akuten Wettkampfvorbereitung. Hierbei ist es wichtig, dass sich der Sportler nur ideale Bewegungen vorstellt und diese in Gedanken

auch vollständig durchführt. Damit wird das Einprägen von falschen oder unvollständigen Bewegungen vermieden. Wenn ein Wettkampf besonders gut gelungen ist lohnt es sich auch, im Anschluss ein Ideomotorisches Training durchzuführen um sich die gelungene Ausführung einzuprägen.

*Verdecktes Wahrnehmungstraining:*
Das Verdeckte Wahrnehmungstraining ist die Vorstellung einer eigenen oder einer beobachteten Bewegung aus der Innenperspektive. Hier sollen alle Sinneseindrücke in die Vorstellung einbezogen werden um sie so lebhaft wie möglich zu machen. Mit dieser Methode können Bewegungen präzisiert und ungenaue Abläufe korrigiert werden. Sie erfordert ebenfalls ein sehr hohes Maß an Vorstellungskraft und ist, wie das Ideomotorische Training, für fortgeschrittene Sportler geeignet.

### 3.2 Ablauf des Mentalen Trainings

Nach Eberspächer (2001) gibt es vier verschiedene Stufen, die ein Mentales Training zu durchlaufen hat:

*Stufe 1: Handlung laut beschreiben/aufschreiben:*
Zu Beginn des Mentalen Trainings muss eine ausgesuchte Bewegung entweder laut beschrieben oder besser noch schriftlich dargestellt werden. Hier sollen alle Details der Handlung inklusive aller Sinneseindrücke während der Bewegung auf einer DIN A4 Seite beschrieben werden. Diese Fassung wird im Anschluss dem Trainer vorgelegt und auf seine Richtigkeit und Vollständigkeit hin überprüft.

*Stufe 2: Handlung mental/subvokal beschreiben:*
Im Anschluss an Stufe eins soll die abgesegnete Bewegungsbeschreibung so oft durchgelesen und vor dem inneren Auge vorgestellt werden, bis die Handlung wie ein innerer Film mit geschlossenen Augen ablaufen kann. Hierzu wird auch das innere Sprechen als Hilfe genutzt. Dieser Film soll jeden Tag etwa 15 Minuten geübt werden, damit er leichter abrufbar und flüssig wird.

*Stufe 3: Knotenpunkte der Handlung laut/mental beschreiben:*
Läuft der innere Film ohne Probleme, so sollen die Knotenpunkte markiert und herausgehoben werden. Das sind jene Teile der Handlung, die für den weiteren Bewegungsablauf von entscheidender Bedeutung sind. In der Regel sind das maximal 5-6 Stück.

*Stufe 4: Knotenpunkte symbolisch markieren:*
Diese Knotenpunkte werden im nächsten Schritt mit Symbolen markiert. Mögliche Symbole sind zum Beispiel Silben, Laute, Zahlen oder Kurzworte. Die Hauptsache ist, dass sie für den Athleten in irgendeinem Zusammenhang

mit der markierten Bewegung stehen. Im Anschluss stellt der Athlet sich die Bewegung wieder vor, diesmal aber nicht mit vollständiger subvokaler Beschreibung, sondern nur noch mit den Kurzformeln der Knotenpunkte. Er springt in Gedanken gewissermaßen von Kontenpunkt zu Knotenpunkt. Hierbei ist zu beachten, dass sich die Vorstellungsdauer der realen Bewegungsausführungszeit angleicht. Zum Schluss soll die Geschwindigkeit der Mentalen Trainingsübung mit der realen Geschwindigkeit exakt übereinstimmen. Die Kurzformeln ermöglichen den schnellen Ablauf ohne das innere Sprechen aufgeben zu müssen. Nun wird das Mentale Training mit motorischem Training verschränkt und die neu erworbene subvokale Technik in der Sportpraxis angewendet.

### 3.3 Mentales Training bei nicht standardisierten Bewegungen:

Zum Mentalen Training bei komplexen und situativ bedingten Bewegungen existieren mehrere Ansätze.

Zum einen gibt es in jeder Sportart mit variablen Handlungsmustern und unvorhersehbaren Situationen ein Set standardisierter Bewegungen wie zum Beispiel der Elfmeter beim Fußball. Sind diese durch Mentales Training perfektioniert, so hat der Athlet mehr Ressourcen frei um sich auf Unvorhersehbarkeiten einzustellen (Eberspächer, 2008).

Baumann (2006) betont es sei durchaus möglich, sich auf unkalkulierbare Situationen mental vorzubereiten. So kann sich der Sportler verschiedene Wettkampfbedingungen vorstellen, die unter Umständen eintreten könnten, wie zum Beispiel Regen, besonders viele oder besonders wenige Zuschauer, bestimmte Zuschauerreaktionen oder bestimmte Boden- oder Gerätebeschaffenheiten. Wichtig ist hier, dass der erfolgreiche Umgang mit solchen Bedingungen auch in die Vorstellung integriert wird. Das führt zu einer größeren subjektiven Sicherheit und einem stärkeren Vertrauen in die eigenen Fähigkeiten.

Des Weiteren können sich typische Verhaltensweisen des Gegners und möglich Reaktionen darauf vorgestellt werden. Dazu zählen zum Beispiel bestimmte wiederkehrende Angriffstechniken bei Kampfsportarten oder Spieleigenschaften einer Mannschaft im Ballsport.

Zuletzt ist es auch hilfreich, die unvorhergesehene Situation an sich mental zu trainieren. Hier geht es jedoch nicht inhaltlich darum was genau passiert, sondern wie der Athlet mit der Tatsache, dass er im Wettkampf überrascht wird, umgeht. Bei einem derartigen Mentalen Training werden Techniken des Umgangs mit einer solchen Situation trainiert. Solche Techniken können je nach Sportart zum Beispiel Atemtechniken zur Beruhigung oder Aufmerksamkeitsdrehbücher zur Lenkung der Konzentration sein (Baumann, 2006).

Mit diesen Techniken kann das Mentale Training auf alle Sportarten mehr oder weniger gut angewendet werden. Seine Wirksamkeit ist bisher jedoch nur in ausgewählten Disziplinen nachgewiesen worden. Die Studienlage und differentielle Befunde hierzu werden im folgenden Teil vorgestellt.

## 4 Mentales Training im Sport – Befundlage zur Wirksamkeit

Die Wirksamkeit des Einsatzes von mentalem Training im Sport bzw. Hochleistungssport wird durch zahlreiche Studien belegt, dabei geht die Forschungsgeschichte bis zur Mitte des 20 Jahrhunderts zurück.

Bereits 1939 wurden im angloamerikanischen Raum positive Effekte in Bezug auf eine leistungssteigernde Wirkung durch den Einsatz mentaler Trainingsformen nachgewiesen (Mayer et al., 2003). Weinberg (2008) berichtet in einem Review zur Effektivität von Mentalem Training im sportlichen Kontext von der ersten Übersichtsarbeit zu dieser Thematik, welche bereits 1967 erstellt wurde. Darauf folgten erste Metaanalysen, seither gilt die Effektivität Mentalen Trainings - zumindest bei Bewegungsaufgaben mit vorwiegend kognitiven Anteilen – als empirisch gesichert (Mayer et al., 2003; Weinberg, 2008). Die Effektstärken der Metaanalysen liegen dabei zwischen ES=.48 und ES=.68 (Weinberg, 2008).

Auch eine Reihe deutschsprachiger Studien untersuchten den Einfluss mentalen Trainings in bestimmten Sportarten wie beispielsweise Basketball, Badminton, Triathlon, Fußball und Tischtennis. Die Ergebnisse deuten relativ einheitlich darauf hin, dass sowohl Erwerb als auch die Verbesserung von Fertigkeiten durch den Einsatz mentalen Trainings begünstigt wird, dies gilt vor allem bei eher kognitiven Aufgaben. Desweiteren wirkt körperliches Training stärker als eine Kombination von körperlichem und mentalem Training, die Kombination wiederum wirkt stärker als ausschließlich mentales Training. Von der leistungssteigernden Wirkung profitieren gegenüber Anfängern vor allem erfahrenere Sportler (Alfermann & Stoll, 2005).

Trotz des Nachweises für die Wirksamkeit mentalen Trainings, bleiben dennoch Fragen offen. Dies betrifft zum Beispiel die Dauer der Anwendung des mentalen Trainings oder den optimalen Zeitpunkt des Einsatzes. Welche Perspektive der Visualisierung ist für welche Sportart am besten geeignet? Gibt es ein bestimmtes Alter für den Einsatz mentalen Trainings? Worin unterscheiden sich gute von schlechten Visualisierern.

Außerdem sei hier auch auf definitorische Unklarheiten von mentalen Training und Visualisierung in verschiedenen Studien und vor allem in verschiedenen Sprachräumen verwiesen. Für eine bessere Vergleichbarkeit von Ergebnissen und deren Interpretation sollte hier der Forderung einer genauen Abgrenzung der Fragestellung und des untersuchten Gegenstandes nachgekommen werden (Weinberg, 2008)

## 5    Mentales Training in der Rehabilitation allgemein

Der Nutzen mentaler Trainingsformen zeigt sich nicht nur in der Anwendung zur Leistungssteigerung im Sport. Darüber hinaus lassen sich die positiven Wirkungen des mentalen Trainings auch auf den Bereich der Rehabilitation übertragen, die Anwendungsgebiete sind dabei mannigfaltig.

Verletzte Spitzensportler können während des Rehabilitationsprozesses auf den Einsatz mentalen Trainings zurückgreifen, um sich trotz verletzungsbedingter Pause oder Einschränkungen mit komplexen oder gar den verletzungsverursachenden Bewegungsabläufen zu beschäftigen. Sie erhalten hierüber die Möglichkeit auch in trainingsfreien Zeiten Bewegungen zu erlernen, umzulernen, zu stabilisieren bzw. zu optimieren. Das mentale Training übernimmt hier im Sinne der Ausführungssteuerung eine Überbrückungsfunktion. Außerdem kann es Sportlern zur Emotions- und Schmerzbewältigung, sowie zur Aufrechterhaltung der Motivation dienen und somit den Wiedereinstieg erleichtern (Mayer et al., 2003).

Doch nicht nur in der Rehabilitation von Spitzensportlern kann mentales Training sinnvoll eingesetzt werden. Orthopädische Indikationen wie der Einsatz von Endoprothesen oder der Prothesenersatz nach Amputationen machen eine Vermeidung von Schonhaltungen, Wiedererlangung und weitestgehende Optimierung von Bewegung nötig. Genauso verhält es sich mit motorischen Funktionsstörungen in Folge neurologischer Erkrankungen, wie Multiple Sklerose, Parkinson oder Schlaganfall. Sensomotorische Störungen in Form eingeschränkter Muskelkraft und Willkürmotorik können zu Defiziten in beruflicher und sozialer Teilhabe und dem Verlust der Selbstständigkeit führen und somit erheblich die Lebensqualität mindern. Dies abzuwenden gilt als oberstes Ziel in der gesetzlichen Rehabilitation (Mayer et al., 2003).

Während die Anwendung des mentalen Trainings mit Sportlern sehr gut gelingt, ist der Transfer in den anderen Bereichen der Rehabilitation mit Problemen behaftet. Die Rehabilitanden sind in aller Regel keine Bewegungsspezialisten, und häufig höheren Alters und multimorbide. Dennoch können durch den Einsatz von mentalem Training Verbesserungen in der Alltagsmotorik erzielt werden und somit eine Verbesserung in den Activities of daily living (ADL) und Lebensqualität erzielt werden (Mayer et al., 2003).

Im Folgenden soll das mentale Training und dessen Durchführung am Beispiel eines Gehtrainings in der Rehabilitation aufgezeigt werden. Anschließend werden Aussagen zur aktuellen Befundlage des mentalen Trainings in der Rehabilitation getroffen.

# 6    Gangschule in der Rehabilitation

Der Verlust der Gehbewegung stellt einen tiefen Einschnitt im Leben eines Individuums dar. Verlust von Selbstständigkeit und Mobilität sowie psychosoziale Belastungen sind die Folgen. Dies verdeutlicht die Dringlichkeit einer möglichst weitgehenden Wiederherstellung der Gehbewegung im Rehabilitationsprozess.

## 6.1    Bisherige Verfahren in der Gehschule

Obwohl bei bestehenden Behandlungskonzepten in der Gangschule immer wieder auf die Relevanz der Dokumentation von Aufbau, therapeutischem Vorgehen und konkretem Ablauf der Therapie hingewiesen wird, wird dies selten berücksichtigt. Dies verwundert auch im Zusammenhang mit dem zunehmenden Kostendruck im Gesundheitswesen und einer stärkeren Forderung von Nachweisen zu Effektivität und Effizienz. Herkömmliche Therapieverfahren bleiben unevaluiert und basieren oft auf Erfahrungswerten und „sichtbaren Therapieerfolgen" der durchführenden Krankengymnasten (Mayer, 2001, S. 65). Häufig kommt auch eine Mischung aus verschiedenen krankengymnastischen Techniken zur Anwendung.

Die herkömmliche Gehschule setzt sich aus fünf aufeinanderfolgenden Phasen zusammen, idealtypisch sind dies die Analyse der aktuellen Gehbewegung (1), eine detaillierte Bewegungsbeschreibung (2), die aus dem Soll-Ist-Vergleich resultierende Bewegungsanweisung bzw. Instruktion (3), das motorisches Training (4) unter Modifikation von Wahrnehmung, Umwelt und Bewegung und schließlich folgt die Phase der Umsetzung bzw. Realisation (5) (Mayer et al., 2003).

Die Analyse der Gehbewegung erfolgt dabei subjektiv durch den Therapeuten oder anhand von Normwerten durch computergestützte Messungen, ebenso wie die Auswahl der geeigneten Instruktionen extern durch den Therapeuten vorgegeben werden. Den Kern stellt dabei das motorische Training dar, also das wiederholte Ausführen der Bewegung unter verschiedenen Bedingungen (Mayer, 2001).

## 6.2    Mentales Gehtraining in der Rehabilitation

Das oben beschriebene Verfahren wird nun durch den Einsatz des mentalen Gehtrainings ergänzt (Abb. 1). Neben der Erweiterung um das mentale Training in der Gangschule ist ein wesentlicher Unterschied die Patientenzentriertheit in der hier vorgestellten Vorgehensweise. Die Mitarbeit bei Ganganalyse, Bewertung von Soll- und Ist-Vergleich sowie die Zielsetzung für den weiteren Therapieverlauf mit dem Therapeuten zusammen sind für den Erfolg unerlässlich.

In Anlehnung an das Konzept nach Eberspächer (2001) wird ähnlich der Zergliederung sportlicher Bewegungen auch die Gehbewegung in funktionelle Phasen unterteilt. Somit ergeben sich für die menschliche Gehbewegung drei relevante Knotenpunkte bzw. Instruktionen „Auf – Gewicht – Ab", welche zunächst durch den Therapeuten vorgegeben werden. Über die festgelegten Knotenpunkte soll der Patient nun „unter dem Einsatz bewusster Propriozeption" zu für ihn individuellen eigenen Knotenpunkten gelangen um daraus die nötige Bewegungsvorstellung zu entwickeln. Die mentale Bewegungsrepräsentation der Bewegung ist Voraussetzung für das mentale Training (Mayer, 2001, S. 67).

Die Therapie erfolgt nun durch den Wechsel zwischen motorischem und mentalem Training der Gehbewegung. Dabei steht auch hier der Patient im Mittelpunkt, da er über seine individuelle mentale Bewegungsrepräsentation ständig den Soll-Ist-Vergleich der Bewegung durchführt und hierüber gleichzeitig seine Bewegungsvorstellung immer wieder aktualisieren und verbessern muss. Aus dieser Sichtweise entspricht die Therapieform einem salutogenetischen Ansatz und erfüllt die Kriterien eines biopsychosozialen Rehabilitationsmodels (Mayer, 2001).

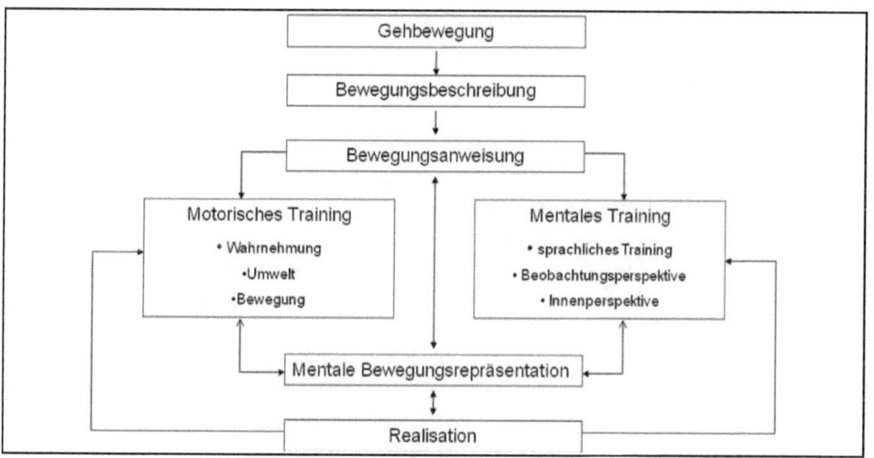


*Abb.1.* Phasenmodell des mentalen Gehtrainings in der Rehabiliation (Mayer, Görlich & Eberspächer, 2003, S. 87)

## 6.3 Wirksamkeit des mentalen Trainings in der Rehabilitation

Wenn auch der Nutzen des mentalen Trainings nicht gleichermaßen abgesichert ist, wie im Sportbereich, so liegen dennoch Hinweise für dessen Effektivität auch im Bereich der Rehabilitation vor.

Mayer (2001) führt hierzu einige Beispiele von Studien auf, welche mit neurologisch geschädigten und dadurch in ihrer Grob- und Feinmotorik eingeschränkter Patienten durchgeführt wurden. Demnach sind durch die Kombination von mentalem und aktivem Üben durchwegs höhere Zuwachsraten in der Verbesserung der Bewegungsausführungen als gegenüber dem bloßen aktivem Üben zu verzeichnen.

Desweiteren liegt aktuell ein Review der Gruppe Ziemainz, Pfeifer, Hendrich und Schleinkofer (2008) vor. Sie wollten mit einer Effektstärkenberechnung die Wirksamkeit und praktische Bedeutsamkeit eines mentalen Trainings in der Rehabilitation von Schlaganfallpatienten aufzeigen. Die Analysen ergaben mittlere (ESkorr>0.5) bis hohe (ESkorr>0.8) Effektstärken. Wobei diese immer in dem jeweiligen Kontext und Forschungszusammenhang zu interpretieren sind und hier jedoch auf noch keine Vergleichswerte in diesem Indikationsbereich zurückgegriffen werden kann. Das Ergebnis des Review deutet darauf hin, dass mentales Training in der Therapie von Schlaganfallpatienten ein durchaus sinnvolles Zusatztraining zu sein scheint, dabei ergaben sich die größten Effekte bei einem Wechsel zwischen körperlichem und mentalem Training, dies vor allem wenn das körperliche Training direkt auf das mentale Training folgte.

## 7 Fazit

Zusammenfassend bleibt festzuhalten, dass Mentales Training eine durchaus geeignete Methode darstellt um Bewegungsabläufe zu erlernen und zu optimieren. Betrachtet man nun die Fülle von Anwendungsfeldern des Mentalen Trainings und seine Wirkungsweisen so ist es verwunderlich, dass so wenig davon allgemein in den Bereichen des Breiten- und Freizeitsports bekannt ist. Hier werden vorwiegend physische Trainingsmethoden aus der Sportwissenschaft angewendet. Auch in vielen Bereichen des Spitzensports finden sich nur sporadisch Mentale Trainingsmethoden wieder, dabei zeigen Untersuchungen eindeutig positive Ergebnisse. Hier sollte verstärkt, auch in der Ausbildung von Trainern, Wissensvermittlung stattfinden um diesen Bereich weiter zu fördern und von seinen Vorteilen zu profitieren. Auch wenn Mentales Training nicht als Ersatz für körperliches Training herangezogen werden kann, so ist es doch eine sinnvolle und lohnende Ergänzung und bietet uns neue Möglichkeiten der Leistungssteigerung. Besonders wenn körperliches Training nicht oder nur eingeschränkt möglich ist, kann auf der mentalen Ebene durchaus weitertrainiert werden.
Auch in den Bereichen der Rehabilitation sind Mentale Trainingsmethoden nicht so verbreitet, wie beispielsweise die Physiotherapie. Jedoch auch hier sollte zuvor eine verstärkte Ausbildung des entsprechenden Personals erfolgen.
Auch ist das Feld der Forschung zum Thema der psychischen Einflussfaktoren bei weitem nicht so umfangreich, wie in anderen Sportwissenschaftlichen Bereichen. Somit bleibt hierzu festzuhalten, dass die Anwendung des Mentalen Trainings in verschiedenen Situationen und Sportarten durchaus noch weiterer Untersuchungen bedarf, um hier weitere Wirkmechanismen zu analysieren. Dass der Kopf bzw. die Psyche eine viel größere und wichtigere Rolle spielen als viele glauben, das zeigen auch viele Untersuchungen zur

Gesundheit des Menschen im medizinischen Gebiet. Auch hier hat der Mentale Bereich einen wesentlichen Einfluss auf die Wirkung von Heilmethoden und das individuelle Wohlbefinden.

# Literaturverzeichnis


Alfermann, D. & Stoll, O. (2005). *Sportpsychologie: Ein Lehrbuch in 12 Lektionen.* Aachen: Meyer & Meyer.

Baumann, S. (2006). *Psychologie im Sport* (4.Auflage). Aachen: Meyer & Meyer.

Eberspächer, H. (2001). *Mentales Training* (5. Aufl.). München: Stiebner.

Eberspächer, H. (2008). *Gut sein, wenn´s drauf ankommt.* München: Stiebner.

Feltz, D. L., & Landers, D. M. (1983). The effects of mental practice on motor skill learning and performance: A meta-analysis. *Journal of Sport & Exercise Psychology 5* (1), 25-57.

Mayer, J. (2001). *Mentales Training – ein salutogenes Therapieverfahren zur Bewegungsoptimierung: am Beispiel der rehabilitativen Gehschule.* Hamburg: Dr. Kovac.

Mayer, J., Görlich, P. & Eberspächer, H. (2003). *Mentales Gehtraining. Ein salutogenes Therapieverfahren für die Rehabilitation.* Berlin: Springer.

Weinberg, R. (2008). Does Imagery Work? Effects on Performance and Mental Skills. *Journal of Imagery Research in Sport and Physical Activity 3*, 1-21.

Ziemainz H., Hendrich, S., Schleinkofer, M. & Pfeifer, K. (2008). Der Einsatz von Mentalem Training in der Rehabilitation von Schlaganfallpatienten – Review und Effektstärkenberechnung. *Physikalische Medizin Rehabilitationsmedizin Kurortmedizin 18* (4), S.198-202.

Zitzmann C. (2004). *Mentales Training – eine Methode des psychologischen Trainings.* Zugriff am 01.06.2008 unter http://www.uni-flensburg.de/sport/downloads/WS0405/HS_Mentales_Training.pdf